AF561116

DE LA SOUVERAINETÉ
DU PEUPLE
DANS
LES ÉLECTIONS.

PARIS. — IMPRIMERIE D'AUGUSTE MIE,
Rue Joquelet, n° 9, place de la Bourse.

DE LA SOUVERAINETÉ
DU PEUPLE
DANS
LES ÉLECTIONS.

PAR

Auguste Mie.

PARIS.
A. LEVAVASSEUR, LIBRAIRE,
PALAIS-ROYAL;
1830

DE LA SOUVERAINETÉ

DU PEUPLE

DANS

LES ÉLECTIONS.

Il y a quatre mois Charles X régnait. Son gouvernement avait osé contre la France tout ce qui peut humilier et courroucer un peuple fier et généreux.

Ce n'était pas assez d'avoir été imposé par les ennemis de la France, chaque jour une vexation nouvelle nous rappelait l'origine de ce pouvoir odieux. Le peuple outragé amassait sa haine, l'inconcevable impudence du 25 juillet mit un terme à son ignominie; en trois jours il a détruit l'échafaudage élevé par quinze ans de fraudes et de terreur, l'influence étrangère est anéantie; il est *peuple souverain*.

Le lâche et stupide vieillard s'éloigne honteusement à travers le pays qu'il avait incendié et qu'il voulait livrer à la guerre civile.

Trois noms sont proclamés : Lafayette, Gérard, Choiseul. Le peuple les adopte ; il doit compter sur le dévouement d'hommes jusqu'à ce jour si patriotes. Il attend que la constitution de 1791, la seule populaire, la seule consentie par lui, soit proclamée ; mais c'est en vain. L'histoire leur demandera un jour compte de leur mandat... Puisse l'avenir excuser leur conduite ! Ils pouvaient résigner entre les mains du peuple le pouvoir qu'ils en avaient reçu ; mais ils n'ont jamais eu le droit de s'en démettre, pour le donner à d'autres, sans son consentement(1).

(1) Voyez la Belgique. Quelle leçon de jeunes patriotes donnent à de vieux législateurs! Quelle que soit la décision du congrès national, aucune opinion n'aura le droit de se plaindre, parce que toutes auront été appelées à éclairer l'opinion publique. *La voix de Dieu* sortira de l'enceinte du congrès national. Pourquoi la France n'a-t-elle pas aussi exercé son droit *imprescriptible ?*

On dit au peuple qu'il a sauvé la France; qu'il a toutes les vertus des héros, le courage dans le combat, la modération et la probité après la victoire; que tout doit être fait pour lui; qu'il a prouvé qu'il était parvenu à un tel degré de civilisation qu'il devait être appelé à exercer des droits dont il avait si bien su assurer la juste mesure. Aussi peu défiant qu'il est de bonne foi, il croit que ceux qui se disent ses amis vont consolider sa conquête.

Mais déjà d'autres hommes, qui avaient fui le combat où avait triomphé l'énergie populaire, apparaissent. — « Vous avez combattu, nous avons médité : à nous de régler maintenant les droits de tous. » Les roués politiques quittent leur retraite. Ils ont pris la sagesse et le désintéressement des acteurs de la révolution de juillet pour de la timidité et de la défiance de soi-même. Qu'ils se désabusent, le peuple est modeste autant que brave; mais, quoi qu'on en ait dit, *il n'a pas donné sa démission*; il a tant de dignité dans ses pensées, que d'avance il ne soupçonne pas la fraude. Cette indifférence momentanée vient de sa force, parce qu'il sait bien qu'il n'a qu'à *vouloir*, et qu'il peut tout ce qu'il veut.

Après les grandes et belles choses du mouvement de 89 sont venues les inévitables vengeances contre les émigrés, qui étaient avec l'ennemi à nos portes, et contre leurs complices qui conspiraient au dedans. S'élançant entre les partis, un homme s'annonce comme médiateur; conquérant, il saisit le pouvoir, il inonde de gloire le pays qu'il opprime; adoré de l'armée, mais impopulaire, il tombe. La restauration profite de notre lassitude, et implantée par les baïonnettes étrangères, elle nous fait essuyer les sanglantes folies de 1815, le frauduleux et ignoble ministère Villèle, l'insolent et cruel ministère Polignac. Une étincelle du feu sacré de la patrie, qu'on croyait éteint, a tout embrasé, et anéanti à jamais ce ridicule droit divin qu'on a osé prêcher pendant quinze ans à un peuple éclairé autant que fier. Qui pourrait refuser aujourd'hui à la France le fruit de tant de longanimité, de souffrances et de courage ?

Des hommes que la restauration avait dédaignés, qui cherchaient à se rendre redoutables au pouvoir en le contrariant, disaient depuis long-temps au peuple : « Nous sommes vos amis ». Ces hommes, qui ne voulaient que de la puissance et qui avaient couvert leur hypocrite ambition de la tunique populaire, nouveaux Sixte V, se sont mis à nu en s'écriant : « Nous sommes la France ». Eux, qui n'avaient reçu d'existence politique que par une loi qui n'existait plus, ont dit à la France : « Tu seras monarchie; je te donne un roi; tu continueras à gémir sous le joug humiliant et tyrannique des lois faites par tes ennemis. »

L'illusion cesse pour les moins clairvoyans : le peuple a été trompé cruellement par ceux qu'il a crus et dû croire ses amis; mais il n'est pas oublieux, il connait ceux qui l'aiment et le défendent toujours et contre tous. Il est généreux; pour toute vengeance, il ne veut que condamner à l'oubli ses ennemis; mais on ne le trompe pas deux fois : c'est en vain que, s'appuyant sur des lois absurdement aristocratiques, les reculards se roidiraient contre sa puissance; il s'est ouvert par les armes le droit de se mêler un peu de ses affaires, il ne s'en dessaisira plus.

Quand les hommes à mille faces voudront-ils concevoir ce que nous sommes et ce que nous voulons?

Ces insensés ignorent donc qu'ils ont un gouvernement à comprendre, de bonnes lois à faire, des plaintes à entendre, des torts à redresser, un peuple digne de tous les bonheurs à satisfaire? Ils auront beau faire, *le temps est invincible*. Quelque ténacité qu'ils aient, ils marcheront avec lui ou il les entraînera dans son mouvement. Mais il est cruel de recommencer le combat le lendemain d'une victoire, surtout quand on a cru qu'on n'était réuni que pour la célébrer.

La France aime la monarchie; elle aime surtout le monarque qui vient partager sa gloire et faire son bonheur. A tort ou à raison le mot république effraie le plus grand nombre. Les moins timorés se réunissent à eux, car un roi républicain les rattache à la monarchie; tous confondent leur amour et l'espoir d'un meilleur avenir. Mais pourquoi ôter au peuple et au roi le droit de s'engager réciproquement et de se donner la force par la confiance? Quant aux lois qu'ils veulent maintenir, elles ont causé la ruine du pouvoir déchu. Qu'ils laissent donc raffermir celui qui s'élève par des lois populaires que le roi désire, que le peuple veut.

Bon gré, malgré, ouvertement ou tacitement, la souveraineté du peuple entrera dans nos lois. Cette nécessité ressort de l'expérience. Plus elle rencontrera d'obstacles, plus son triomphe sera éclatant. Les besoins sont les mêmes qu'en 89; mais la position, les idées et surtout les temps ne sont plus les mêmes. Nous avons détruit, il faut élever, renouveler, consolider; il faut de la liberté pour tout le monde, et non un changement de maître.

Les patriotes ont toujours demandé la liberté de la presse, l'expression de la volonté du peuple dans les élections, la liberté religieuse.

Un pouvoir odieux a été précipité par la nation, et elle n'a pas la liberté de la presse, parce qu'il faut, comme par le passé, posséder 6,000 francs de rentes, payer des droits de timbre et de poste exorbitans, pour avoir le droit d'exprimer sa pensée.

Elle n'a pas la liberté électorale, parce que c'est un droit que l'aristocratie financière (plus ignoble et plus insolente que celle de la naissance), s'est réservé, pour l'exploiter à son profit et se perpétuer au pouvoir. Pour servir son pays, lui être utile, il ne suffit pas d'être bon citoyen, il faut être riche. On ne con[illegible] pas qu'après deux secousses aussi terribles pour faire triompher la souveraineté du peuple, un citoyen électeur, appelé à exercer ses droits politiques, n'ait pas le droit de donner son suffrage à un patriote probe, éclairé et courageux, si l'homme de son choix n'a pas 30 ans et ne paie pas 1,000 fr. d'impôt, car ce n'est qu'à cet âge et à cette condition que la loi permet d'aimer et de servir son pays. Les impôts doivent être répartis sur tous les citoyens; mais, pour qu'ils le soient justement, il faut que tous soient appelés pour faire respecter dans une mesure convenable les droits de chacun.

Elle n'a pas la liberté religieuse, puisqu'il y a une *religion de la majorité des Français*, qui est rétribuée par l'impôt levé sur tous les contribuables, même ceux qui exercent un autre culte; car (*au moins pour les charges*) LES FRANÇAIS SONT ÉGAUX DEVANT LA LOI.

La révolution a été faite par le peuple, elle doit se continuer par lui et pour lui. Plus de droit divin, partant plus de concessions. Il ne faut pas céder aux habitudes prises quand le roi *octroyait:* le temps de demander est passé, il faut ordonner. Les patriotes veulent la conséquence franche des événemens de juillet; ils veulent des élections populaires, des autorités populaires, des lois populaires. Les fantasmagories politiques ne trouvent plus de crédules. Ils ne craignent ni les journaux, ni l'anarchie, ni les sociétés publiques ou secrètes, ni la guerre, ni les jésuites; tout cela passe : le peuple reste, et ils sont le peuple.

Le principe qui doit dominer dans la loi nouvelle d'élection, c'est l'égalité. Donnez plus aux classes qui offrent plus de garanties; mais appelez tout le monde. Que tous les propriétaires, quelle que soit leur éducation, ou leur position dans le monde, mais par cela seul qu'ils sont propriétaires, aient le droit de représenter la France dans une certaine proportion. Qu'il y ait un centième de la France pour représenter la propriété(1);

(1) Un cens déterminé, celui de 100 fr., par exemple, ne peut pas établir une juste mesure dans la répartition du droit d'élire. Dans tel département ce cens de 100 fr. représentera une valeur foncière de 30,000 fr., dans tel autre de 80 ou 100,000 fr., et d'un autre côté pourra ne représenter que 10 ou 12,000 fr.

Le cens électoral de 300 fr., tel qu'il existe maintenant, ne peut pas réellement représenter la propriété elle-même. Divers exemples pris dans différentes parties de la France feront connaître combien les contribuables sont peu représentés.

ARIÉGE, arrondissement de PAMIERS, 69,388 habitans. — Il n'y a que 184 électeurs; il y en aurait 694 si le mode de 1 sur 100 était adopté.

DORDOGNE, arrondissement de SARLAT, 100,785 habitans. — 181 électeurs; il y en aurait, dans l'hypothèse précédente, 1,008.

MOSELLE, arrondissement de THIONVILLE, 77,461 habitans. — 90 électeurs; il y en aurait, dans l'hypothèse précédente, 775.

NORD, arrondissement de VALENCIENNES, 115,493 habitans. — 210 électeurs; il y en aurait, dans l'hypothèse précédente, 1,155 que dans un arrondissement de 40,000 âmes il y ait 400 électeurs, pris parmi les 400 propriétaires les plus imposés de ce même arrondissement, nous aurons 320,000 électeurs pour représenter la population de la France.

Que, d'un autre côté, tous ceux qui auront reçu une éducation libérale, tels que les licenciés des deux écoles de Droit et de Médecine, les élèves sortis de l'école Polytechnique, les membres portés sur la deuxième liste du jury, soient aussi électeurs, qu'ils puissent donner mandat à l'homme de leur choix : alors vous aurez une chambre qui représentera la France; alors la France pourra se dire vraiment libre, car l'égalité entre les citoyens constitue seule la liberté (1).

(1) Cette seconde classe d'électeurs, représentant les sciences, les lettres, les arts et l'industrie, n'augmentera pas de beaucoup la liste générale des électeurs de la France, parce qu'en grande partie, leur éducation supposant une certaine fortune, ils se trouveront compris dans celle des propriétaires. Nous aurions

Vous ne verrez point alors d'industrie sacrifiée à la propriété. Vous ne verrez plus diminuer l'impôt foncier, autant que possible, pour conserver l'impopulaire impôt sur le sel. Les élus de la loi aristocratico-financière des élections savent fort bien que les consommateurs paient les droits qui pèsent sur la consommation ; car, avant tout, il faut *vivre*, à quelque prix que ce soit.

La révolution a anéanti la dîme, les aides, la taille, les gabelles, la corvée. Elle a divisé la propriété, et par là doublé la richesse de la France. Elle a étendu les charges publiques à tous les citoyens, elle les a tous appelés à toutes les dignités. Dès-lors plus de classes, pour tous la même justice : faites donc une loi pour tous.

Avant la révolution il y avait trois ordres; chaque individu, quels que fussent sa fortune

alors à peu près 350,000 électeurs pour représenter 32 millions d'habitans: ce qui donnerait définitivement un électeur pour 91.

—

et son âge, pouvait recevoir des pouvoirs dans son ordre; toute la France était alors représentée. Mais elle l'était avec si peu de justice pour le tiers-état, que le mot égalité gravé dans tous les cœurs généreux a renversé l'échafaudage féodal. Aujourd'hui un seul ordre s'est imposé à la France, la propriété veut tout envahir.

Nous ne sommes plus au temps où toutes les grandes questions de justice se décidaient par la force; espérons que le peuple sera gouverné selon la raison, qui n'est que la juste expression de sa volonté. Nos mœurs ont placé la souveraineté dans le peuple. Espérons que les savans, les industriels, les bons citoyens pauvres pourront apporter à leur pays le tribut de leur savoir et de leur amour.

Nous avons heureusement un roi patriote, mais l'humanité n'est pas impérissable, les bonnes lois le sont. Travaillons pour nos neveux comme si tout devait changer.

Nous n'avons pas à le craindre. Un jeune

prince élevé avec nous sent nos besoins comme nous, il nous aime autant que nous l'aimons; il mettra sa force dans l'amour des Français. Mais enfin l'humanité est périssable. Qui sait ce qui nous est réservé? les mauvais princes n'ont pas manqué à l'histoire. Pour entrevoir un avenir calme et plein de bonheur, faisons une loi populaire : avec elle, que nous importe Marc-Aurèle ou Néron!!!

Peu habitué à écrire, je n'ai peut-être pas mis assez d'ordre dans mes idées, je ne les ai peut-être point suffisamment développées, mais j'ai dû remplir mes devoirs de bon citoyen en publiant quelques données que j'ai crues utiles à mon pays.

www.ingramcontent.com/pod-product-compliance
Lightning Source LLC
LaVergne TN
LVHW020452230826
846091LV00008BA/3167

* 9 7 8 2 0 1 3 5 8 2 8 0 3 *